Aprende a redactar y escribir mejor para conseguir la libertad financiera como escritor independiente

50 trucos para autopublicar y vender en KDP de Amazon y en Draf2Digital

Ricardo Cienfuegos

© Ricardo Cienfuegos

© 2021

© Crear y Corregir Ediciones: crearycorregir.com

Todos los derechos reservados.

Quien copie y pegue el contenido sin siquiera mencionar la fuente original arderá en el infierno por la eternidad.

Diseño de portada: Roxana Gamboa

Aprende a redactar y escribir mejor para conseguir la libertad financiera como escritor independiente 1

Vivir de escribir: 4

Introducción 7

Capítulo 1: Las dos grandes vías para ganar dinero escribiendo 12

Capítulo 2: El camino del escritor 19

Capítulo 3: Trucos para vivir de escribir 35

Conclusión 92

Cómo escribir y autopublicar un libro en menos de una semana 95

Introducción 98

Capítulo 1: que nada te pare, métodos infalibles para escribir todos los días 100

Capítulo 2: Arquitectura semanal del escritor prolífico 133

Capítulo 3: Autopublicando coediciones 142

Introducción 143

   Kindle Direct Publishing 153

   Maquetación 154

   Portada 156

   Detalles del libro 159

   Precio 163

   Correcciones 166

   Draft2Digital 168

Conclusiones 173

Vivir de escribir:

25 trucos para escritores independientes

Hemos hecho un grupo en Facebook para seguir compartiendo trucos, se llama Vivir de escribir. ¡Únete!

https://www.facebook.com/groups/vivirdeescribir

Introducción

Capítulo 1: Las dos grandes vías para ganar dinero escribiendo

Capítulo 2: El camino del escritor

Capítulo 3: Trucos para vivir de escribir

Conclusión

Introducción

De niño, cuando les decía a mis padres que quería ser escritor, me decían que eso era muy difícil, tanto como ser futbolista (no lo niego); y que lo mejor es que tuviese un trabajo, como, por ejemplo (recurrente ejemplo) profesor, y que, en mis ratos libres, escribiese. ¿Cómo? ¿Es imposible vivir *únicamente* de escribir?

MENTIRA.

Durante un tiempo me lo creí, hasta que empezaron a ofrecerme dinero por mis escritos y comencé a conocer a otras personas que, siendo todavía estudiantes, también habían encontrado formas de obtener muy jugosos ingresos de la escritura.

Es posible vivir de escribir, la experiencia me lo ha enseñado y aquí comparto cómo. Para todos aquellos que, como yo cuando era niño, desean hacerlo, pero todavía no lo han conseguido. Sintetizo al máximo años de vivencias, de ensayos y errores.

No necesitas tener un aburrido trabajo que odias. Si de verdad te interesa el arte de ordenar espacios y letras, hay millones de personas deseosas de aprovechar tu talento: tiene un enorme valor en el mercado.

Fíjate, existen muchísimos temas que sí o sí deben pasar por escrito: correos, peticiones formales, anuncios, noticias, biografías, manuales, instrucciones, catálogos... Incluso una buena carta de un restaurante debe incluir unas sucintas descripciones de cada plato y bebida.

Y existe muy poca gente que sepa expresarse por escrito con claridad, haciéndose entender, economizando el espacio y logrando impactar.

Hay una oportunidad para escritores que se tomen en serio su profesión y aprovechen al máximo su propia creatividad.

Es difícil porque nos han educado para obedecer, para hacer lo que nos mandan, y, como vemos más adelante, si quieres vivir de escribir, no debes limitarte a redactar para otros. Tampoco puedes escribir exclusivamente lo que a ti te gusta.

Para ganar dinero tendrás que escribir textos que le interesen a alguien más que a tu mamá. Hay quien dice que esto es prostitución, que un escritor debe dejarse llevar por sus musas o cualquier otra justificación del viejo mito de que tiene que ser pobre.

No hay ningún problema con esos guetos de escritores marginales, en el mejor de los casos: son buenos lectores. La mayoría pasan la mayor parte de sus horas en empleos que detestan, los felicito por su autenticidad, yo prefiero despertarme cuando quiera cada mañana.

Escribo, en fin, el libro que a mí me gustaría haber leído. Aquí no encontrarás debates abstractos (léase pajas mentales), lo que nos interesa es la práctica.

Este no es el primero que existe sobre este tema, por eso me podré ahorrar contenido que puedes encontrar buscando en Google y Amazon.

Aquí te muestro lo que a mí me ha servido, mi trayectoria, los secretos que muchos del gremio no querrían que nadie más supiese. El *know how* del escritor emprendedor y empresario.

Advierto a navegantes: ser escritor profesional requiere disciplina y pasión. La disciplina, autodisciplina en caso de que seas independiente, se puede mejorar. La pasión no, si no te gusta publicar, si no lo haces por la necesidad de expresarte y de crear, es muy complicado que logres dedicarle las horas necesarias para que suponga una fuente de ingresos lo suficientemente potente para darte la vida que quieres.

No me voy a detener mucho en esto. Respecto a la autodisciplina, hay montañas de libros sobre hábitos y rutinas que pueden ayudarte. En resumen: necesitas practicar a diario (mínimo cada semana), al menos durante unos cuantos años (ponte cinco como un panorama en el que, con mucho esfuerzo, puedes llegar a componer mejor que la mayoría).

Si sueñas con ser conocido/a por tu obra literaria (aunque uses pseudónimos, siempre puedes revelar tu identidad ante quien desees), o vivir de ayudar a solucionar problemas (si tu género preferido es el ensayo), esta obra es para ti.

Seguramente estés aquí porque te ha faltado algo para poder dedicarte al 100 % a las palabras, o quizás ya lo hagas, pero quieras mejorar. ¡Vamos!

Capítulo 1: Las dos grandes vías para ganar dinero escribiendo

Hay dos grandes formas de conseguir dinero, la primera te sirve para aprender, la segunda para jubilarte.

La primera es un trabajo, la segunda un negocio.

Siguiendo la filosofía financiera de Robert Kiyosaki: no trabajes por dinero, hazlo para aprender.

Esa es la primera forma de empezar a ganar dinero por escribir, la segunda es vivir de las regalías, ya sea autopublicación con Amazon y/u otras plataformas, coedición, o con editoriales que te paguen un porcentaje de las ventas, los *royalties* o regalías.

Si escribes y lo vendes, como *ghostwriter* o negro literario, es la primera forma. Si lo publicas o autopublicas es la segunda.

Ambos caminos se combinan y retroalimentan.

Por ejemplo, puedes imprimir y repartir tus textos personalmente por librerías y bares (sí, lo he hecho, y te sorprendería el dinero que puedes recaudar en muy poco tiempo), lo cual sería la primera vía: cobras por el trabajo que haces como vendedor.

Te sirve para aprender sobre la aceptación de tu obra ¿gusta? ¿la vendes fácil? Pide opiniones y escúchalas sin ponerte a defender tu texto. Además de ingresos activos y aprendizaje, también puede ayudar a tus activos: aprovecha para dar a conocer todo lo que tengas (auto)publicados.

¿Todavía no tienes ninguno? En una semana es posible publicar un texto decente. Esta semana, si vendes algo escrito por ti, asegúrate de conseguir los datos de contacto (correo electrónico y teléfono, si es posible) de cada comprador, y avísales de que la semana que viene estará tu próxima publicación.

Ahora ya no solo te has comprometido contigo mismo, no puedes fallar, ¿te parece difícil tener un texto completo en una semana? Ya avisé de que este no era un camino fácil, pero sí que es posible.

Escribe unas horas cada día, sin hacer correcciones, concentrado. Usa el método pomodoro si eres incapaz de enfocarte.

En general, la primera vía potencia de muchas formas que alcances la segunda. El problema es quedarse en la primera o que la segunda sea demasiada pequeña, eso es lo que sucede en la mayoría de los casos.

Hay magníficos escritores que no saben mucho de finanzas y por ello no logran vivir de la escritura. No seas uno de ellos.

Una empresa, si va mal, se declara en quiebra y a otro asunto. Tú no eres una empresa. Somo humanos, aquí no te voy a decir que vivas para trabajar, el plan es que seas eficiente financieramente para, lo antes posible, asegurar las fuentes de ingresos con las que vivir de escribir sin tener que estar pendiente de llegar a fin de mes (Amazon paga regalías mensualmente, las editoriales tradicionales, una sola vez al año).

¿Cómo hacemos?

Está muy bien tener buenos clientes que te compren textos regularmente. Conforme superamos la curva de aprendizaje, cuando ya llevamos cierto tiempo dedicándonos a un mismo tipo de escritos, acabamos las redacciones cada vez más rápido.

Con la experiencia puedes mejorar sin parar, consigue profesionales que te den una buena retroalimentación y tu desarrollo será exponencial.

Al hacer mejores libros o artículos podrás venderlos más caros, y, como ya dominas la información, el tiempo que necesitarás para hacerlos será mínimo.

¿Suena bien, verdad?

Esa es la trayectoria habitual de un redactor o escritor fantasma.

Y no es la mejor.

Si quieres vivir de escribir, no puedes depender de esta vía. No puedes ganar dinero solo cuando un cliente decida comprarte algo, porque dependerás de ellos, y aunque sean muchos, siempre van a ser menos que tus posibles lectores.

Podrás tener, como muchísimo, unas decenas de buenos colegas que te estén pidiendo contenido y con los que estés a gusto. Por mi experiencia, con tener tres o cuatro es suficiente para vivir tranquilamente. Más, son difíciles de gestionar y ya debes contar con un buen equipo de trabajo (otros redactores y correctores, como mínimo).

El problema de depender de los ingresos activos es que están limitados a la cantidad de tiempo que les puedes destinar.

En cambio, los ingresos pasivos los obtienes por derechos de autor de contenido que ya no te requiere más trabajo. Cobras sin hacer nada, mientras duermes. Y la escalabilidad (la cantidad de ventas que puedes llegar a tener) es infinita.

Empieza ingresando dinero por la primera y la segunda vía al mismo tiempo, cuando obtengas lo suficiente de forma pasiva (segunda vía), ya estarás del otro lado: serás libre financieramente.

Como eres escritor, seguirás haciendo lo que más te gusta, pero ya no tendrás que preocuparte por los ingresos, podrás hacer solo lo que más te guste.

Capítulo 2: El camino del escritor

Aunque mi vocación fue temprana, tuve que esperar hasta la mayoría de edad para vivir de la escritura. Quizás, antes, logré vivir *del cuento*, pero esa es otra historia.

Los ingresos llegaron cuando estuve en la universidad, y fueron de dos tipos: el primero, las becas. Existen muchas, debes buscarlas y solicitarlas. ¿Ser becario es vivir de escribir? En la mayoría de los campos de estudio sí, sacarse una carrera consiste en poco más que leer y redactar, con alguna exposición oral de por medio.

Los posgrados cuentan con mayor cantidad de becas, y, otra vez, te pagan por poner palabras en papeles, ya sea una tesis o un trabajo de fin de máster (TFM). En la sección de trucos o *hacks* incluyo más información sobre estas oportunidades de financiación.

Para mí llegó un día en el que las becas se acabaron. En cambio, la segunda de forma de rentabilizar mi pasión que aprendí en la universidad sí que me ha acompañado años después. Me convertí en escritor fantasma o negro literario antes de conocer esas palabras. Yo no lo busqué, me empezaron a llegar solicitudes de exámenes y trabajos universitarios.

Así, era becario y además hacía trabajos para otros por mi cuenta. No vivía mal.

Cuando decidí centrarme en mi habilidad para redactar siguiendo indicaciones conocí el *marketing* de contenidos. Para quien no lo sepa es la creación de artículos, libros, audios y/o videos con la intención de vender, aunque sin hacerlo directamente. La técnica es aportar valor, no hacer promoción explícita, solo en el último párrafo hacer una llamada a la acción que invite a comprar o, al menos, a conocer más.

¿Has escuchado la expresión "el contenido es el rey"? Aunque algunos dicen que es anticuado, sigue siendo cierto. La cuestión es que hay infinita información, por lo que la batalla por la atención es terrible y la calidad debe ser máxima. Tienes que ser prácticamente brillante. Y eso se consigue echándole muchas horas.

Entrando en materia, si quieres ser un redactor de contenido tienes que conocer sobre SEO: Search Engine Optimization, optimización en buscadores: hacer que tus textos aparezcan en las primeras posiciones cuando alguien realiza una búsqueda relacionada.

Es una habilidad muy importante, hoy día, si quieres vivir de escribir. No solo conocer el SEO de Google, también de Amazon, Instagram, Facebook…

Estuve un tiempo viviendo así, pero tenía un problema: no podía aceptar más trabajo, tenía demasiado. Y, aunque estaba bien, tampoco es que fuese millonario. ¿La solución? No trabajar solo. Uniéndome con otros profesionales pude garantizar resultados a los clientes.

El estilo del autónomo o del *freelance* solitario es peligroso. Todos tenemos días malos, y es muy difícil ver nuestros propios errores. Si te dedicas a crear contenido, necesitas a alguien que te dé un punto de vista objetivo, retroalimentación.

Si redactas por dinero, no puedes cometer errores. Te están pagando por eso, porque consigues textos impecables. Si entregas errores, estás acabado. Te puede pasar una vez o dos, es inevitable, pero no serás un auténtico profesional hasta que puedas hacer contenido de primer nivel, y para conseguirlo no puedes estar solo/a.

Aspira siempre a la excelencia. No vas a vivir de escribir si eres mediocre, tienes que ser maravilloso/a. La perfección es imposible, pero aspirar a ella no está mal. Ponte plazos de entrega mínimos y cúmplelos, aunque sepas que no está perfecto, pero después de que alguien más te certifique que, al menos, no tiene erratas ni cualquiera de los errores más comunes: faltas de concordancia, redundancias, mala puntuación, etc.; el tema de las correcciones da para otro compendio.

Si eres escritor, el corrector es tu mejor amistad, encuentra a quien no solo te corrija, sino también te haga comentarios para mejorar, y será el mejor profesor que puedas tener.

El equipo al que me uní yo, para garantizar la calidad del trabajo, es crearycorregir.com, un equipo interdisciplinario e internacional. Actualmente sigo trabajando con el equipo, son quienes se encargan de ayudarme con este compendio, que nunca hubiese existido sin su ayuda.

Si quieres servicios de correcciones, creación de contenido, asesoría, clases particulares o cualquier otra cuestión relacionada con el hermoso mundo de las letras, puedes escribirnos a contacto@crearycorregir.com.

Mi historia, haciéndotela breve, termina aquí: en la actualidad escribo y autopublico en coedición con Crear y Corregir Ediciones usando pseudónimos, como el que uso ahora mismo.

¿Por qué no revelar mi verdadero nombre? Por dos razones, la primera es que valoro mi seguridad y privacidad, no me gustaría convertirme en una figura pública. La segunda, tan o todavía más importante, es que escribo en tantos géneros que sería confuso para lectores.

Esto no me lo invento, lo aprendí de Enrique Laso, el primer español que vendió más de medio millón de libros electrónicos. Él mismo recibió las críticas de sus lectores porque tras leer un libro que les gustaba, iban a otro, también escrito por él, pero que ya no se parecía: `esto no es lo que me esperaba´, decían en sus reseñas negativas.

Ya casi no escribo para otros, pero lo sigo haciendo, únicamente cuando el tema me interesa. Es un método que me fuerza a aprender y a dar resultados en un plazo limitado, además de que el dinero llega rápido. Me encanta. Aunque en el futuro planeo jubilarme y vivir enteramente de mis regalías. Calculo para entonces ya tener unos cuantos cientos de textos de calidad de muy diferentes nichos y en varios idiomas.

Una vez leí que solo uno de cada 5 mil libros logra ser un auténtico éxito de ventas. Si todavía no has obtenido los resultados que necesitas para vivir de escribir, plantéate llegar a ese número, así, según la estadística, lo más probable es que logres crear una obra maestra de esas que duran generaciones, capaz de dar de comer a tus hijos y nietos.

¿Cuánto puedes tardar en escribir 5 mil libros? Muchos años. Contrata a otros escritores para alcanzar antes la cifra del éxito.

...

Volvamos a la primera vía, si estás empezando, querrás dinero cuanto antes, la independencia financiera, aunque implique muchas horas tecleando. ¿Dónde encontrar a quienes te compren textos? En las agencias de *marketing*. Olvídate de venderle a personas, si quieres dinero de verdad: vete a por las empresas. El B2B, *business to business*, como dicen los gringos, da grandes resultados.

La mayoría de las empresas dedicadas al *marketing* tienen su propio equipo de redactores, pero, si el trabajo es creciente, sus horas de trabajo resultan insuficientes y el *outsourcing* es la solución de la que te puedes aprovechar.

Eso sí, tendrás que hacer textos exquisitos, para ello es conveniente que ya estés asociado a algún corrector. Muéstrales pruebas de tu trabajo a tus potenciales clientes (puedes solicitar que te publiquen algún artículo en crearycorregir.com/blog para que te sirva de portafolio y tus potenciales clientes puedan leerte), cumple siempre los plazos y acepta cualquier cambio que te soliciten.

Créeme, conozco muy bien el sector, hay montones de redactores, pero muy pocos que escriban realmente bien, no "desaparezcan" y tengan unos precios accesibles. Conviértete en uno de ellos y no te faltará trabajo.

Una de las agencias de *marketing* de contenidos que más redactores *freelance* tiene es LowPost. Como su propio nombre indica, han logrado producir textos (*posts*) a *low cost*, y es, cómo no, gracias al trabajo barato de los *freelancers*. A cambio, dan retroalimentación y material de apoyo. Una buena oportunidad para aprender.

Si resides en España, Colombia o México, seguramente podrás hacerte una cuenta y enviar un texto de prueba. Si te aceptan, en los primeros momentos solo podrás elegir trabajos que publican en su página web, dentro de tu usuario (antes cumplimentarás todos tus datos, incluyendo aquellos temas con los que más cómodo te sientes escribiendo). Lo que te pagarán será muy poco y los textos muy cortos, es una forma de iniciarse.

Si los vas haciendo muy bien, según las puntuaciones tanto de uno o varios correctores y del departamento de calidad, como de los clientes, que también califican del 0 al 5 tus trabajos, cada vez te aparecerán mejores ofertas.

Es posible que, cuando cuentes con alguna experiencia, si tu desempeño es bueno, te ofrezcan ser también corrector, antes te darán una pequeña formación por videollamada.

Con algo de tiempo, es posible que te lleguen correos electrónicos solicitándote contenido *premium*, este requiere más investigación (si no eres experto/a ya) y está mejor pagado. Estos artículos se los venden a clientes que pagan más de lo habitual a cambio de un mayor seguimiento y una mejor selección de los redactores.

LowPost puede ser un complemento a tus ingresos y una fuente de aprendizaje, pero no pretendas tenerlo como único cliente. En primer lugar, no sería legal, ya que el contrato es como autónomo, trabajador por cuenta propia o *freelance*.

Y, aunque no fuese así, es difícil hacer el contenido suficiente para ganar lo equivalente a un salario mínimo en el Estado español (950 €), al menos al principio de tu carrera. En cualquier caso, siempre es mala idea depender de un único contrato/proveedor/cliente.

¿Cómo encontrar otras personas o instituciones que te paguen por escribir? En mi caso, me gané una buena fama gracias a mi pasión, mis habilidades de escritura y las calificaciones del profesorado universitario.

No necesité anunciarme, pero quizás la publicidad de toda la vida pueda funcionar: pásate por las escuelas, institutos y facultades que tengas más cerca y anuncia tus servicios como redactor. También, más barato (y con el confinamiento, más eficaz), puedes hacerlo desde páginas webs de anuncios gratis, los grupos de Facebook de estudiantes, de apuntes, etc.

Para vivir de escribir tienes que aportar valor a tu público, sea resolviendo sus tareas (redactar páginas webs, cartas, trabajos académicos, libros para posicionarse como expertos en cualquier tema...), sea entreteniéndolos (literatura de ficción) o sea dando solución a sus problemas personales: ensayos y desarrollo personal o autoayuda.

Por ejemplo, si gracias a este ejemplar consigo que muchas personas alcancen su sueño de vivir de escribir, seguro que las ventas serán buenas y obtendré algo de *money*/lana/plata. En cambio, si resulta que estas páginas no son útiles, el algoritmo de Amazon enterrará la publicación para que nadie pierda el tiempo en ella, yo no ganaré dinero, pero aprenderé que debo mejorar en el próximo intento

Las finanzas son sencillas para un escritor, ¿quieres ganar más dinero? Aporta más valor al mercado, dale lo que quiere. ¿Cómo saber qué quiere? Analizando lo más buscado y la oferta existente.

También puedes ver un paso más adelante. ¿Qué libro necesitará el mundo (o una parte de él)? ¿Cómo sobrevivir al confinamiento? ¿Cómo evitar pandemias? ¿Cómo usar la inteligencia artificial? ¿Cómo *viajar* por la Grecia clásica o el Perú contemporáneo? ¿Cómo usar dinero electrónico? ¿Cómo programar?

Capítulo 3: Trucos para vivir de escribir

1. Aumenta el tique

No vendas solo el texto, añádale otras fuentes de ingresos, como otros libros tuyos, tus servicios, o enlaces de afiliado a productos relacionados.

Es buena idea cuando ya te has ganado la confianza de un público, tener algo con un precio alto, como un curso de unos cientos de euros/dólares. Puede ser tuyo o no, aquí es donde entramos en el segundo truco, el *marketing* de afiliados. Hay muchas opciones, pero la principal, en cuanto a cursos en línea (infoproductos) se refiere, es Hotmart.

También puedes aprovechar el poder de tu obra para ofrecer tus servicios profesionales. El punto es que no solo obtengas dinero por las regalías y también lo consigas por otras fuentes vinculadas. En el caso de que recomiendes productos que no sean tuyos, todo el proceso será automático, pero asegúrate de que valga la pena lo que estás anunciando porque tu nombre (o pseudónimo) está en juego.

Es cierto que, si lo que vendes gracias a tus libros son tus propios servicios o productos, entonces no estarás viviendo exclusivamente de escribir, si para ti no es un problema, adelante con usar esta estrategia.

2. Usa el *marketing* de afiliados para generar ingresos

Ya sea con enlaces en libros electrónicos, en páginas webs o en redes sociales.

La gran empresa en la que tienes que estar es Amazon, a no ser que estés en China, entonces mejor AliBaba.

Investiga, hay compañías nuevas cada día y los sistemas de afiliados cada vez son más comunes.

Algunos brókeres y monederos electrónicos también ofrecen dinero a cambio de que les

consigas clientes. Si te interesa el mundo de las finanzas, esta opción es muy válida: escribes un libro aportando valor sobre temas relacionados con las acciones o el dinero electrónico (criptomonedas) y añades el enlace de afiliado a tu bróker favorito (o a todos los que encuentres, con un análisis de las ventajas y desventajas de cada uno).

3. Piensa en nichos e investiga las palabras clave que más tráfico están teniendo

En la página de Amazon (recuerda que tiene una por tienda, revisa todas en las que te interese vender) está el segundo buscador más usado del mundo, solo después de Google, úsalo para encontrar las sugerencias que te da para completar el texto.

Escribes, por ejemplo, novela, y ves qué palabras aparecen después: esas son las más utilizadas. Apúntalas. Haz clic en ellas. ¿Hay una buena oferta para satisfacer la demanda? ¿Los ejemplares existentes son de calidad? ¿O puedes hacer uno mejor?

Si es un tema que domines, haz algo mejor que los demás, dando más páginas, más calidad, por menos dinero. Si el *bestseller* es cómo hacerte rico en cinco años, tiene cien páginas y vale siete euros, haz un libro sobre cómo hacerte rico en un año, de al menos ciento cincuenta páginas, y no lo vendas por más de cinco euros. ¿Cuál van a preferir? Si todavía no controlas el género, sigue, te daré más consejos para defenderte en cualquier contexto. Y recuerda que siempre puedes delegar las tareas que no quieras realizar, como escribir, en crearycorregir.com encontrarás excelentes alianzas.

4. Lee, lee y lee

Es básico, es el alimento de un escritor. Como no quieres arruinarte comprando libros que luego almacenarías sin sentido, recurre a las bibliotecas, la mayor de todas es Kindle Unlimited, tienes un mes gratis y luego 9,99 euros al mes. Si, como yo, lees bastante más de unas doscientas páginas mensuales, vale totalmente la pena: magnífica inversión.

Si estás en la edición electrónica, entrando desde mi enlace de afiliado me ayudarás a llevarme una pequeña comisión y evitarás caer en estafas, la web a la que lleva el *link* es la oficial de Amazon y en ningún caso te saldrá más caro que llegar desde otra página.

No te basta con leer lo normal, ni con que sea un poco cada día. Conocer lo publicado es parte de tu trabajo, puedes hacer lecturas rápidas y diagonales, pero tienes que hacerlas. Aprende a discernir, hay libros valiosísimos, y otros que son una pérdida de tiempo. Conoce todo lo que vende, lo que tiene éxito, y entiende por qué gusta. Necesitas conocer el mercado editorial al máximo.

5. Amplia tus horizontes en la vida real, experimentar, conoce nuevos lugares y personas

Viaja, no hagas turisteo, conoce de verdad los sitios a los que vayas. Si todavía no puedes vivir de escribir, trabajar fuera es una experiencia muy enriquecedora, y algo siempre encontrarás, dinero y vivencias ¿qué más quieres?

Además, si el trabajo es nefasto, te dará la motivación que necesitabas para escribir hasta que te resulte rentable, no querrás volver a ser un empleado.

Cuentan que Gabriel García Márquez se encerró para escribir su obra más célebre *Cien años de soledad* (inspirada en *Pedro Páramo*, del menos famoso, pero todavía más brillante Juan Rulfo) después de concluir que, o conseguía un libro que de verdad vendiese, o tendría que ser carpintero toda la vida.

Lo cierto es que es así, o escribes algo que la gente esté dispuesta a comprar, o tendrás que dedicarte otra cosa.

Lo bueno es que no hay límites de intentos, hoy cualquiera puede autopublicar sus textos. Si nadie te quiere editar, haz tú mismo todo el trabajo (contrata, al menos, correcciones profesionales). Sigue haciéndolo, al menos hasta que llegues a los cinco mil libros.

Si no estás vendiendo, viaja, muévete, empápate de realidad, atrévete a vivir aventuras, y luego vuelve a escribir. Ya sabrás sobre qué debes hacerlo. Pregúntate cuáles son las verdades que te han sido reveladas y que el resto de la humanidad necesita conocer. El objetivo de un viaje es cambiar tu propio punto de vista.

6. Participa en concursos

En especial en aquellos de editoriales que te gusten, municipios y otros organismos públicos. En ocasiones, aunque no los ganes, pueden ofrecerte publicar tu obra. No aceptes cualquier contrato, aunque si has decidido enviar tu manuscrito debería ser porque es una institución que te gusta.

No dejes de investigar por tu cuenta, encontrarás algunos en https://www.escritores.org/concursos/concursos-1/concursos-literarios. Apunta en tu agenda (o donde sea que escribas las cosas importantes, puede ser en un corcho o con un imán en la nevera) las fechas límite para tener tus textos listos, cuenta el tiempo que necesita el corrector, que usualmente será como máximo un mes, así que, 30 días antes de que dejen de aceptar manuscritos, debes tenerlo acabado.

Si es envío digital, la inversión que se requiere es mínima. Pero, en caso de que te pidan envío en papel y tengas que pagar impresiones y mensajería, no te recomiendo hacerlo a no ser que tu material sea excelente o que no te importe perder el dinero invertido.

Piensa que un texto con faltas de ortografía o que no engancha desde la primera línea es desechado de inmediato en cualquier concurso serio.

7. Únete a otros escritores

Ya sea en círculos de lectura o talleres. Puedes encontrar algunos gratuitos, financiados con dinero público en asociaciones culturales, de vecinos, o espontáneas. Déjate conocer y apoya a los demás. También úsalos para solicitar reseñas, comprarlas está prohibido, pero no hay ningún problema si le pides a tus lectores, amigos y compañeros de oficio, que den su opinión sobre tus libros, en Amazon, en Google, en la página profesional de Facebook, y/o en otra red social o página, como https://www.goodreads.com/, web en la que puede participar cualquiera, sin necesidad de registro.

En Facebook solo hace falta tener una cuenta; en Amazon, además, te piden que hayas gastado al menos unos 50 euros o dólares en los últimos meses para poder dejar reseñas.

En la página web de la empresa de Jeff Bezos, cuando tus lectores hayan comprado el *ebook*, aunque sea de forma gratuita, las reseñas aparecen como "compra verificada". No es así si lo leen usando la suscripción a Kindle Unlimited.

Por tanto, el mejor momento para solicitar reseñas es cuando estés regalando tus *ebooks*, no te llevarás regalías, pero el algoritmo valorará al máximo las opiniones recibidas.

Si quieres sacar el máximo rendimiento, puedes pedir que te lean usando la suscripción a Kindle Unlimited (contando que tu obra forme parte de KDP Select, puedes incluirla con solo hacer un clic, pero exige que durante los 90 días de cada contrato no ofrezcas el mismo contenido en ninguna otra plataforma), y, decirles que no dejen su reseña todavía. Mejor que lo hagan cuando compren, durante el tiempo que pongas el *ebook* sin coste. De este modo ganarás el dinero de la lectura (es importante que no solo pasen las páginas rápidamente, el algoritmo toma en cuenta cuánto tiempo están dedicándole, y según eso es la cuantía que reciben los autores) y, además, tendrás reseñas que aparezcan como compras verificadas.

8. Encuentra páginas webs y cuentas en redes sociales que se dediquen a promocionar libros

Muchas de ellas son afiliadas a Amazon y se llevan comisiones por las ventas que se hacen desde su sitio web. Envíales tu catálogo para que los incluyan en el suyo.

Si tienes una página web o cuenta en alguna red social que se dedique a promocionar libros de forma gratuita, puedes escribirnos a contacto@crearycorregir.com y darnos los datos para que en la próxima edición de este manual aparezca aquí.

9. Organízate

Planifica tus publicaciones. Utiliza la primera parte del día, cuando tienes más energía y estás más lúcido/a, para escribir. La segunda, cuando ya estés cansado/a, al *marketing* siguiendo el plan que hayas escrito estando al 100 %, la mayoría de las tareas son sencillas: hacer publicaciones en redes, responder correos o mensajes. Asegúrate de no dejarlos esperando demasiado tiempo, si tienes varias direcciones puedes hacer que todos los correos te lleguen a la misma, solo tienes que configurar que automáticamente se realicen los reenvíos a una única cuenta que sea la que revises diariamente; también tómate algún día libre, lo más común es que sea los domingos.

10. Usa la validación social

Somos animales, usamos el cerebro reptiliano más de lo que nos gusta reconocer. Tomamos decisiones por lo que sentimos y luego lo racionalizamos. Uno de los más potentes generadores de confianza es la validación social.

Nada te ayudará más a vender que la demostración de que otros ya lo han hecho y están más que satisfechos.

Puedes dar a conocer esa validación en tus redes sociales, con fotos y vídeos de lectores junto a tus libros, y con capturas de los comentarios positivos que recibes. Si son las reseñas, puedes compartirlas sin restricción; si se trata de mensajes privados, primero pide permiso.

11. Embudo de ventas (*funnel*)

Si todavía no conoces qué es un embudo de ventas, ha llegado el momento: es un sistema en el que tus potenciales clientes van conociendo tu marca y tus productos hasta que llegan a tomar la decisión de comprar.

Puedes hacer uno gratis, creando contenido de acuerdo con las tres partes básicas de todo túnel (es cierto que existen diferentes formas de hacer esto, te recomiendo que investigues por tu cuenta, experimentes y acabes con el modelo que mejor te funcione): descubrimiento, consideración y decisión.

Pongamos ejemplos prácticos en el mundo de la literatura. Te dedicas a escribir novelas LGBT, ya tienes tu página web y tus redes sociales. No vendes libros, vendes identidad. En este momento eso es lo que nos mueve como consumidores: compramos pertenencia a un grupo al que aspiramos.

Debes crear contenido gratis que resuelva los problemas de tu público, y hacerlo constantemente. ¿Cuáles son esos rompecabezas? Tienes que investigarlo, puedes hacerlo buscando las preguntas más recurrentes en grupos o foros de tu nicho (movimiento LGBT, en este caso) y las reseñas que tienen libros del mismo tema. ¿Hay alguna crítica que se hace varias veces? Puede ser que el libro sea demasiado breve, que la trama carezca de originalidad, que los lectores extrañen otro tipo de protagonismo, que las faltas de ortografía hagan daño a la vista o cualquier otra área de oportunidad para ti.

También puedes hacer encuestas y entrevistas en profundidad. Pregúntale de cara a tu potencial cliente qué es lo que quiere, a veces lo sabe.

Para la fase de descubrimiento el contenido tiene que ser general, llamativo, apto para un público amplio y 0 promocional. Podrían ser reseñas de otros libros del mismo género, así ayudarías a tus colegas del gremio y podrías monetizarlo con enlaces de afiliación. También puede ser contenido técnico que ayude a crear personajes, estructurar la novela o hacer correcciones ortotipográficas.

Revisa las estadísticas, potencia lo que mejor funcione, compártelo y haz más.

En la fase de consideración ya podemos entrar con el propio catálogo. Ya puede haber un toque (solo un toque) más comercial, ahora ya te conocen, te has ganado la atención porque has dado valor de forma desinteresada y te has mostrado como alguien con *expertise* en el género.

Ya puedes mostrar lo que vendes. Igualmente debe ser contenido aséptico, ir a las emociones, pero también a la razón. Solo al final haces un llamamiento a la acción.

En la última fase del túnel ya vamos directos a la venta. Es verdad que esto se trata de hacer relaciones, pero queremos vivir de escribir, hay que cobrar. Y para ello las promociones no deberían de faltar en tu mercadotecnia.

Ya te conocen, han invertido tiempo en ti, ¿qué mejor que premiarlos con una promoción? Puedes hacerla sin perder dinero, así sucede con los formatos electrónicos, y también puedes reducir al mínimo tu beneficio en las ediciones de papel.

Hazlo regularmente, especialmente cuando el libro acaba de salir, así conseguirás ganar popularidad (si está en Amazon, subirá en los ránquines), después puedes subir al precio que consideres justo.

Es todo un tema lo de cuánto cobrar, mi consejo es que tengas mejores precios que la competencia. Es mejor ganar poco, que no ganar nada. Si tu oferta es mucho mejor, puedes cobrar más, pero no siempre es así.

El contenido de promociones para la fase de decisión de tu embudo lo tienes que cuidar tanto como el resto, y todo deberá estar enlazado para que la progresión resulte natural.

Otra vez ejemplificamos: te conocen buscando información sobre novelas LGBT, encuentran reseñas interesantes, incluso de obras que ya conocían, leen que eres un referente y que ayudas a otros escritores nóveles, les gusta la muestra de tu texto que han podido catar gratis y, en cuanto les ofreces una promoción, deciden aprovecharla. Mejor eso que acabar pagando más si quieren leerte luego, ¿no?

Tu túnel tiene que aportar valor por sí mismo y no servir solo para darte dinero, tiene que mejorar la existencia de su audiencia (por ejemplo, ayudándole a encontrar mejores opciones para leer gracias a reseñas honestas y precisas). Eso hace que estén predispuestos a comprar, sienten que te deben algo.

12. Periodistas

No solo hay personas influyentes en redes sociales, también puedes encontrar periodistas con públicos muy interesantes. Busca aquellos que ya hayan escrito sobre temas similares a los que trates en tu obra y que tengan cierta relevancia, aunque aparecer en cualquier periódico, incluso uno local, puede darte algunas nuevas ventas.

Escríbele un correo personalizado a cada uno, usando las técnicas persuasivas que mencionamos en este manual: háblale de cómo le ayudarás a resolver su necesidad de darle a los editores noticias nuevas e interesantes, dale carnaza.

13. Testea

Haz pruebas, minilibros, para saber si funcionan. No inviertas más tiempo a algo que no vende, siempre que puedas dedicárselo a otro tipo de escrito que sí te está dando rentabilidad o a poner en marcha un nuevo proyecto literario.

Con KDP de Amazon puedes tener una edición en tapa blanda desde las 24 páginas.

Quizás no lo vayas a vender por mucho dinero, pero los llamados libros de bajo contenido tienen su público.

Ya no venden esos tochos de cientos de páginas, tienes que conocer muy bien al autor para saber que no estás tirando el dinero comprando algo tan grande.

Ahora la moda son ediciones sencillas, de bolsillo o para leer mientras esperas la cola del supermercado. Que no requieren demasiada concentración, textos aptos para todos los públicos, como estas mismas páginas.

No dejes de hacerlo por placer, pero este libro va sobre vivir de escribir. Hay que ser prácticos. Utiliza la regla de Pareto, el 20 % de tu trabajo es el que te está dando el 80 % de tus ingresos, céntrate en aumentar lo que te está siendo más rentable.

14. No aísles tus tomos

Crea series o colecciones, luego puedes unirlos en un nuevo libro que venderás más caro y que el público percibirá como más valioso (¡3 en 1! ¡*Ofertón*!).

Al acabar cada volumen incluye los nombres y, en la edición electrónica, enlaces de afiliado al resto de los libros.

Intenta conseguir traducciones, siempre suman. El idioma más usado en el mundo de Amazon (y el tercero a nivel mundial) es el inglés, conseguir estar en la lengua de Shakespeare no solo te conseguirá ventas en todo el mundo, también ayudará a tus ventas en castellano.

Otras traducciones, aunque sean a lenguas con menos usuarios, también te aportan llegar a nuevos públicos. Piensa en el italiano, griego, portugués, chino, catalán, alemán, polaco, ruso... Hasta donde seas capaz de llegar.

Recuerda que los escritores más ricos y famosos son traducidos a más de una decena de idiomas.

Como lectores pensamos que si a alguien lo han traducido es porque vale la pena, porque es tan bueno que no quieren que nadie se lo pierda.

Si estás vendiendo bien, traduce y escribe más para ese mismo público. Pídeles datos de contacto para poder avisarles cuando haya nuevas publicaciones (por cierto, escríbenos a contacto@crearycorregir.com si quieres que te notifiquemos nuestras novedades).

Además, gracias al aprendizaje, cada libro que escribas de un mismo género o sobre un mismo tema, será mejor que el anterior, lo harás más rápido y aportará más valor.

También puedes crear la versión en audio, será otra fuente de ingresos y te permitirá acceder a un público más amplio. Los audiolibros tienen un futuro prometedor, en el mundo anglosajón ya están muy extendidos y en el resto del mundo también están empezando a ganar mercado.

15. *Copywriting* y la capacidad de sorprender

Para que alguien te regale su atención en el mejor de los casos tienes una ventana de oportunidad que no dura más de cinco segundos. A no ser que sorprendas en ese tiempo y quieran saber más, pasarás al olvido.

Esto aplica a toda tu comunicación inmediata con posibles lectores: descripciones, primeras páginas (en Amazon es posible ver una muestra de los libros electrónicos) y anuncios.

Practica la escritura persuasiva o *copywriting*, aprende a centrarte en las necesidades de tu cliente o lector al comunicarte. No escribes para ti, escribes para mejorar *su* vida. Por ejemplo, en lugar de describir tu producto "en este libro encontrarás/hago X, Y y Z, que es muy difícil y tiene mucho mérito", mejor "con este libro podrás resolver X, Y y Z, lo que te hará mucho más feliz porque A y B son C".

Despejando las incógnitas con un ejemplo más concreto: con este libro podrás aprender a sobrellevar momentos difíciles, recuperarte ante las adversidades y cultivar lo mejor de mismo; lo que te hará mucho más feliz porque cuando eres optimista y alegre, quienes están a tu alrededor también lo son y hay un efecto multiplicador. ¡Únete a este movimiento que ya está cambiando el mundo!

16. Instagram y Facebook

Una estrategia de *marketing* de bajo coste, para que salga bien, como para todo en tu trabajo, es esencial que haga disfrutar.

Elige tu publicación literaria o ensayística preferida y prepárate para diseccionarla en frases, imágenes y vídeos. Crea una página y un grupo en Facebook (Fb) y una cuenta en Instagram (Ig), y sincroniza las dos redes sociales para que lo que publiques en Ig aparezcan en Fb.

Envía tu obra a *influencers* para que se fotografíen y graben con ella, puedes pedirles el contenido para publicarlo en tu red social y/o que aparezca en sus cuentas. Puedes encontrarlos buscando hashtags relacionados con el mundo editorial, como #libros, #reseñas, #bookstagram y #bookstagrammer.

Haz varias cuentas, con perfiles de autor/pseudónimos y obras. Busca cuentas similares a la tuya y sigue a sus seguidores. Hazlo poco a poco para que no te bloqueen temporalmente la cuenta. Conviene leerse las normas de las redes sociales que utilizas, ahora mismo no recuerdo exactamente cuáles son los límites, aunque es algo que puede cambiar en cualquier momento. La forma de evitar problemas es teniendo siempre un comportamiento humano, y que no parezca como si fueses un robot haciendo clic sin parar.

Al fin, lo único que buscan es proteger la usabilidad.

El algoritmo de estas redes sociales potencia el alcance de las publicaciones que reciben más interacción en los primeros momentos de la publicación.

Si quieres aumentar al máximo el número de personas a las que llegas una opción es la de pago, promocionando la publicación, pero no te la aconsejo a no ser que puedas obtener un retorno muy alto. Para vender un *ebook* de 3 euros no vale la pena, para una trilogía en ediciones de papel (de, al menos, 9,99 € cada libro), quizás sí.

Pero mejor publica regularmente contenido de calidad y cuando hagas una nueva publicación pídeles apoyo a tus amigos, y con tus diferentes cuentas, dale toda la interacción que puedas a ese nuevo post: guardar, corazón, enviar o compartir, comentarios, responder los comentarios y que haya conversaciones... Lo mismo que sucede en las cuentas más influyentes.

Para provocarlo de forma natural es válido usar asuntos polémicos, pedir directamente a la audiencia su opinión suele funcionar. El ego es una pandemia y, en tiempos de sobreinformación, resulta un halago que quieran prestarnos atención y saber qué pensamos.

17. Ventas

Si quieres vivir de escribir, necesitas saber al menos lo básico sobre ventas. Trata de no caer en el *spam*, no convertirte en una molestia. Me gusta mucho la frase: `en esta vida puedes ser todo, excepto pesado´.

Conseguirás ventas según dos cuestiones: cuánto valor aportes y las relaciones que cultives. No hay más.

Valórate y valora tu trabajo, no trates de venderlo explícitamente. Nadie quiere que le intenten sacar el dinero a cambio de algo que ni siquiera considera necesitar. Estás en el mercado de los libros, ubícate.

Los mejores lectores que puedes tener son aquellos que después de apreciar una muestra gratis de tu producto (poniéndonos mercadólogos, eso es lo que es, especialmente tu *ebook*: un producto informático con coste de producción marginal 0, escalable hasta el infinito) y después de eso ellos mismos te buscan para comprar todo lo que tengas publicado.

¿O soy el único que ha hecho esto? ¿Nadie más ha buscado por todas las librerías de su alrededor (por teléfono, para ahorrar tiempo) algún ejemplar escaso? ¿O en Internet hasta conseguir un envío a domicilio que, cuando llega, te da una da una alegría inmensa?

Si tus creaciones son muy buenas y mantienes abiertas vías de comunicación, las ventas irán creciendo constantemente. Algún correo electrónico, redes sociales, tuyas o las de editorial (a mí me puedes enviar un correo a contacto@crearycorregir.com, ya lo he mencionado, pero no está de más repetirlo, mis lectores suelen ser tímidos, anímate).

No hacen falta suscripciones a contenido si este no va a tener la calidad que requeriría la atención: todo lo que regales debe ayudar a resolver los problemas de tu público objetivo, *target* o tribu: aquel perfil que tomas de referencia para dirigir la comunicación; por ejemplo, no hablas igual a jóvenes que te siguen porque escribes novelas estilo Bukowski, que a abuelas a las que les enseñas recetas.

Mejor poco y excelente, que mucho y mediocre.

Mejor calidad, que cantidad.

Cuida al máximo a tus lectores y clientes, dales más de lo que esperan, apréndete sus nombres y trátalos con respeto. Da las gracias cuando hagan algo por ti.

Sé honesto al máximo, aunque a veces duela, generar confianza vale más.

No recuerdo dónde lo leí, pero es totalmente cierto: el mejor *marketing* de un libro es…

Otro libro.

Olvídate de pesados mensajes: escribe, escribe y escribe, cuantos más libros tengas, mejor escribirás y más se venderán. No hay mejor publicidad que el boca a boca. Escribe libros extraordinarios y llegarán las ventas.

18. *E-mail marketing* y WhatsApp o Telegram

Tener una base de datos con direcciones de personas interesadas en tus libros siempre es un buen recurso para tener lanzamientos más exitosos.

Si tienes el número de teléfono puedes contactarles mediante una aplicación de mensajería instantánea, mejor que por correo electrónico.

Puedes ir haciendo la lista poco a poco, pidiendo el contacto a tus lectores, dándoles algo gratis es más probable que accedan. También puedes meter unos billetitos y acelerarlo con publicidad pagada, un anuncio en Facebook en el que invites a descargarte gratis un pequeño *ebook* a cambio de dar su dirección (correo y/o teléfono) puede servirte para rápidamente tener una base de datos de tu público, después podrás enviarles más contenido, aplicar el túnel de ventas.

19. Diccionarios

Úsalos siempre que escribas o corrijas un texto. Especialmente uso el diccionario de sinónimos para evitar las redundancias. Es muy común repetir demasiado algunas palabras, a mí, en este mismo ejemplar me ha sucedido con las palabras libro y escribir. El primer sinónimo que me ha dado es el que acabo de usar ("ejemplar", valga la redundancia), y siete más que tampoco suenan mal: tomo, volumen, obra, texto, manual, compendio, vademécum.

Antes de entregar un escrito, revisa si repites alguna palabra demasiadas veces, en Word puedes darle a buscar (en inicio a la derecha) y sabrás exactamente cuantas veces aparece. Aunque depende de las palabras que sean, si están más de diez veces en unas cincuenta páginas, busca sinónimos y considera sustituirlas en algunas ocasiones.

Wordreference.com es una buena opción.

A la RAE no hay que seguirla ciegamente. Un escritor tiene que ser creativo, haz lo que te dé la gana; si te entienden, vas bien. En cualquier caso, lo principal es que lo disfrutes, si es así es posible que tus lectores también lo hagan. Y que les jodan a las academias; la única que ilumina es la que arde.

20. Domina el mayor número de géneros que te sea posible

Aunque acabes especializándote en uno o dos, está bien que, si te lo piden, puedas aportar un texto de cualquier tipo.

Te voy a compartir los que considero lineamientos fundamentales para los géneros en los que tengo experiencia.

Los **ensayos**, libros de desarrollo personal o autoayuda y artículos divulgativos deben estar escritos en segunda persona del singular, con párrafos cortos y frases simples. Sin florituras, cuanto más cortos sean, mejor. Lo de hacer cientos de páginas con discusiones abstractas, en mi opinión, ha pasado a la historia. Si quieres ganar dinero, a no ser que realmente el nicho en el que seas fuerte sea ese (el de los filósofos clásicos, por decirlo de algún modo), no te aconsejo que escribas de ese modo. Hoy lo que más vende son los libros fáciles de leer, cortos, visuales, que no requieren excesiva concentración para digerir sus argumentos o tramas.

Si lo que quieres escribir es **poesía,** tienes que dominar los principales recursos literarios y saber dosificarlos en tus poemas. Esto no estoy seguro de si es algo personal o algo que sucede en general, pero creo que la poesía con demasiados recursos resulta ininteligible, y que, la que carece de ellos, simplemente ni siquiera es poesía.

Mi consejo: un solo recurso en cada poema. Puedes hacer ahora mismo el ejercicio de componer uno o varios poemas con cada figura poética, después de hacerlo envíaselo a un corrector que sepa de poesía (puedes encontrar en crearycorregir.com/contact) y tendrás un interesante poemario que te dará regalías durante toda tu vida y setenta años después a tus herederos.

Los más usados son: metáfora, hipérbole, oxímoron, hipérbaton, anáfora, elipsis, aliteración, onomatopeya, calambur, paranomasia... Busca ejemplos de cada uno de ellos y crea tus propios versos usando las mismas técnicas.

Para los **cuentos o relatos**, lo más importante es el momento o anécdota. No olvides la célebre frase del cuentista argentino Julio Cortázar, el aficionado al boxeo hizo un símil muy ilustrativo: las novelas son peleas a puntos, los cuentos los tienes que ganar por KO.

Esto quiere decir que no se trata tanto de entretener, como sí de impactar.

Las **novelas** tratan sobre personajes, sobre su desarrollo a lo largo del tiempo (el arco). Una herramienta que a mí me ha servido para crear excelentes historias es la Hoja de Tiempo de Blake Snyder (HTBS), la puedes encontrar fácilmente en Google y leer su libro si quieres informarte más.

En pocas palabras, es una estructura con la que tener una novela (o guion de cine) vendible, de unas ciento diez páginas y con cuarenta escenas que puedes visualizar en tu tablero. Con estas dos herramientas, la HTBS y el tablero, podrás hacer novelas como churros.

La estrategia consiste en primero explicar en unas frases todo lo que sucede y completar la HTBS. Después hacer las cuarenta fichas para cada una de las escenas y colocarlas en el tablero. Escribir con esto ya es muy fácil. En una semana puedes tener un *Word* preparado para ser *bestseller* en categorías como novela erótica, romántica, o comedia familiar. Es el método de los guionistas de Hollywood.

21. Becas.

Hay muchísimas becas, dependiendo de dónde residas deberás buscar, pues muchas no aceptan solicitudes de cualquiera, aunque las hay que sí, como suelen ser las becas para maestrías y doctorados en universidades de México (en los posgrados de calidad CONACYT) y en Estados Unidos, a cambio de ser asistente de investigación o de enseñanza.

Revisa en las páginas webs de las instituciones públicas, como gobiernos, tanto regionales, como locales y estatales. También las de los bancos, como Santander o La Caixa.

Una de las webs que puedes utilizar para informarte es https://www.becas.com/.

22. Utiliza los recursos públicos para formarte

No solo becas, también en bibliotecas y asociaciones podrás encontrar no solo libros, también cursos, profesores y mentores, tanto en línea como en tu pueblo o ciudad.

23. Autopublica con KDP (Kindle Direct Publishing) de Amazon y con Draft2Digital

Está bien vender tus *Word´s* y *Pdf´s*, publicar con editoriales y repartir tus ejemplares mano en mano. Pero estar en la mayor librería virtual del mundo es casi obligado si quieres vivir de escribir y todavía no eres famoso, el alcance orgánico que ofrece es difícil (quizás imposible) de conseguir en otro sitio.

¿Cómo hacerlo? Si estás en Europa o Estados Unidos, es fácil, y ya hay guías al respecto. La mejor: la que Amazon te ofrece en su web, en el apartado de ayuda de KDP.

Si estás en otro país necesitarás una cuenta bancaria en uno de los países que acepta Amazon para poder autopublicar, quizás la puedas conseguir por algún familiar o amigo; en caso contrario la única opción que conozco (o la más sencilla) es con Payoneer, aunque implica un coste. Te haces un usuario en la plataforma de pagos que vinculas con un banco en tu país, y ya es como si tuvieses una cuenta en Estados Unidos desde la que podrás enviarte el dinero.

Draft2Digital es una herramienta muy completa, que te ofrece muchas facilidades para estar en varias librerías virtuales: maquetación, promoción, lista de correo, añadir derechos de autor automáticamente si lo deseas, incluso te ayuda a tener tus audiolibros. Aprovecha mi enlace de afiliado: https://www.draft2digital.com/cyc.

24. Aprovecha la tiendas y librerías

Ya tienes tus libros impresos, pero necesitas vender, ¿cómo hacerlo? Te sorprendería saber cuántos establecimientos están dispuestos a ofrecerte parte de su espacio, a veces, incluso, de su escaparate.

Investiga esta posibilidad, puedes hacer un rastreo por teléfono y luego ir en persona. Llama a todas las tiendas y librerías que crees que podrían vender tus ejemplares y pregúntales por la posibilidad de dejarlos en "depósito" (así le dicen en las librerías, al menos en la Península Ibérica).

¿Qué significa esto? Haces un papel con el número de ejemplares y los datos del lugar donde quedan en depósito, se lo haces firmar a la persona encargada y en un plazo de un mes (si no te llaman antes porque quieren más) vuelves por allí y, si quedaron libros sin vender, te los llevas (ya los venderás en otra parte, o regálalos). Aquellos que se hayan vendido son los que debes facturar.

25. Regala tus libros

Ya sea en edición digital (en KDP Select, de Amazon, lo puedes hacer 5 días de cada 90), o en papel.

No hay mejor promoción. Pagar por un anuncio puede ser tirar el dinero si no se logra iniciar ninguna nueva relación. En cambio, regalando parte de tu trabajo es muy probable que generes una deuda simbólica o moral con quien te lea y acabe dándote su dinero.

Conclusión

Vivir de la escritura requiere una pasión que haga que le dediques toneladas de tiempo y mejores tus escritos paulatinamente, además, que tengas ciertos conocimientos de mercadotecnia o una orientación natural para las ventas.

Si eres muy sociable te será más fácil ganar dinero vendiendo tus escritos, conocerás a más gente y caerás mejor, por lo que es más probable que te den su dinero, aunque solo sea por esa simpatía que les generas.

Como has visto en este manual, si quieres que tu vocación te dé el efectivo que necesitas, tienes que crear para los demás.

Está muy bonito tener diarios, poner por escrito nuestras frustraciones, anhelos y reflexiones. Pero eso no te hace un escritor profesional.

La profesionalización se consigue entendiendo que esto es un negocio, no se trata de ego, es una cuestión de aportar valor.

Si llevas meses con una novela y no la das acabado, abandónala, publícala como esté y pasa a otra cosa. Pero, antes, investiga los mercados. Planifica tu producción para hacerla atractiva, superior a la competencia.

Dicen que un leñador al que le dieron 100 días para talar un árbol se pasó 99 afilando el hacha. E hizo lo mejor que podía hacer.

Prepárate con todo, diseña toda la estructura y agenda cada libro. Cuando te pongas a mecanografiar será más fácil porque ya sabrás qué debes hacer.

Ojalá este libro te sirva para vivir de escribir. De verdad, no es fácil, pero es posible.

Cómo escribir y autopublicar un libro en menos de una semana

25 métodos infalibles para escribir mejor y superar cualquier bloqueo como escritor

Introduccción

Capítulo 1: que nada te pare, métodos infalibles para escribir todos los días

¿Por qué no escribimos (más)?

Métodos infalibles para no procrastinar

Capítulo 2: Arquitectura semanal del escritor prolífico

Todo cuenta

Ejemplo de planificación semanal

Capítulo 3: Autopublicando coediciones

Introducción

Kindle Direct Publishing

Maquetación

- Portada
- Detalles del libro
- Precio
- Correcciones
- Draft2Digital
- Conclusiones

Introducción

El síndrome del bloqueo del escritor es un concepto utilizado por primera vez (hasta done ha llegado mi investigación) por el psiquiatra y psicoanalista alemán Edmund Bergler en 1947. Desde entonces, se ha vuelto una excusa habitual en el gremio.

¡No te engañes más!

Tras leer este libro no tendrás otra que escribir, o dejar de (aspirar a) llamarte escritor.

Si no sufres bloqueos, enhorabuena, ya estás enfocado. Estas páginas te pueden servir igualmente, aquí aprenderás cómo escribir más y mejor.

Seguimos el consejo de Ray Bradbury: "Escribe un cuento al día. Estadísticamente, es imposible escribir 365 cuentos malos".

No sé si sea cierta la estadística, pocas cosas hay imposibles, pero, siendo realistas: lo más probable si escribes un cuento todos los días es que acabes escribiendo no solo uno, sino muchos buenos escritos.

Capítulo 1: que nada te pare, métodos infalibles para escribir todos los días

¿Por qué no escribimos (más)?

Las razones principales son tres:

1. Falta de planificación: no lo haces porque no has decidido y establecido por escrito cuándo lo harás.

2. Cuestiones no resueltas: no sabes cómo resolver la trama o te falta información sobre la geografía y el ambiente histórico en el que se desarrolla tu historia. Que existan estos inconvenientes está directamente relacionado con la planificación, cuanto menos planifiques, mayor será la acumulación de problemas. También pueden ser cuestiones ajenas a la escritura, pero que el hecho de que no estén conclusas te impide centrarte en escribir, como otros trabajos pendientes o problemas personales que no has podido resolver.

3. Distracciones: el teléfono, el timbre, cualquier cosa te puedo distraer, hasta una mancha.

Muchos escritores todavía se piensan (como en la Grecia clásica) que la tarea de crear consiste en dejarse llevar por las musas; un acto divino, como decían antes, en el que el escritor es solo un medio que debe dejar que actúen los dioses llenando papeles con maestría.

Si estás leyendo esto, seguramente no sea tu caso: el espíritu santo todavía no se ha posado en ti y no disfrutas el privilegio de que todos te entiendan. No te preocupes, la inspiración y las musas existen, pero lo más importante es tener la predisposición correcta, así te aseguras que aparecerán.

Es como ese viejo dicho sobre la suerte, no recuerdo a quién se le atribuye: ¿existe la fortuna? Sí, pero más vale que te encuentren trabajando.

¿Cómo acabar con la procrastinación? Vamos al tema, dejamos el debate teórico para otros libros más aburridos. Aquí te comparto una lista de trucos para organizarte y seguir un método que te permita escribir sin parar.

¿Organización? ¿Método? Exacto, esa es la garantía de que lograrás tus objetivos. No hay más. Lo mejor sería que creases uno propio, adaptado a tus circunstancias, capacidades y aptitudes; y siempre puedes inspirarte en los ya existentes.

Uno de los más conocidos es el formulado por Julia Cameron en *El camino del artista*: consiste en una mezcla de escribir diariamente nada más despertarte y de forma automática (las páginas matutinas), con ejercicios para clarificar ideas y mejorar el diálogo interno.

También es muy útil el método que menciono en *Vivir de escribir*, el de Blake Snyder, para estructurar una obra.

Existen muchos más, desde el clásico: introducción, nudo y desenlace; hasta ir escribiendo por escenas y luego unirlas (como si fuese un puzle). La cuestión es que tengas claro qué quieres hacer y no pierdas tiempo en divagaciones.

No te preocupes, no estás solo. Mi contribución no acaba con los trucos para conseguir escribir. En el capítulo dos veremos más en detalle cómo organizar tus prioridades para que tu día sea provechoso. En el tres vemos cuestiones fundamentales de la plataforma de autopublicación de Amazon Kindle Direct Publising (KDP), de Draft2Digital y de la maquetación y correcciones finales.

Todo lo que necesitas saber para tener éxito en publicar un nuevo libro cada semana.

Métodos infalibles para no procrastinar

1 Establece un horario

Mejor si es por la mañana, a primera hora, nada más despertarte. Si tienes otro trabajo no hay excusa de que no tengas tiempo, solo pon el despertador antes.

El segundo mejor momento para hacerlo es al empezar la noche, muchos encuentran su inspiración en ese momento, con el silencio característico suele ser más fácil la concentración que durante el día.

Si puedes, escribe, al menos, en ambos periodos. Si puedes hacerlo todavía más, mejor que mejor.

No dejes nunca de escribir, llena las páginas con lo que sea, recuerda lo que dijo Charles Bukowski: "Escribir sobre el bloqueo del escritor es siempre mejor que no escribir".

2 Lee muchísimo

Si no sabes qué escribir, ponte a leer. Y no pares de leer hasta que encuentres qué quieres narrar. Puede ser que encuentres libros que te parecen mejorables, si sientes que puedes hacer algo que valga la pena donde otros no lo han conseguido, es el momento de que se lo demuestres al mundo.

Cuando se te ocurra alguna idea, detente de la lectura y apúntala. Si te viene la inspiración, ponte a escribir de inmediato.

Es verdad que esto de leer ya está muy dicho, aparece en cualquier manual para escritores, por algo será. Todavía hay escritores que casi no leen y se sorprenden de que nadie quiera leerlos.

Leer es tan importante como escribir, debes dedicarle varias horas al día a ello. Planifícalo.

3 Si no sabes qué escribir: usa la escritura automática

Tienes que escribir lo máximo que puedas. La mejor manera de hacerlo es planificándolo, sabiendo exactamente qué vas a escribir cada día, si esto no te funciona y no se te ocurre ningún proyecto: escribe lo que sea, sin parar, de forma automática.

Este método ha sido utilizado por muchos escritores a lo largo del tiempo, aunque los frutos han sido valorados de forma muy dispar. Mientras que para algunos es solo una medida de desahogo, para otros los resultados son muy valiosos, han sido publicados y aclamados.

No importa, escribe sin pensar, con el tiempo ya podrás averiguar si alguien compraría esos textos.

4 Muévete

Sal de casa o de donde estés, escucha y habla, vete a sitios a los que nunca hayas ido. Aunque sea solo levántate de la silla, baja y sube escaleras, respira el aire más fresco que tengas a tu alcance y oxigena tu cerebro. Pero no te olvides de volver a escribir, puedes hacerlo de pie, pero hazlo.

5 Usa el periódico para encontrar historias

Los titulares están hechos para llamar la atención, inspírate con sus noticias, suelen ser muy atractivas. Narra la historia valiéndote de tu imaginación.

6 Dinámicas grupales

Reúnete con más escritores y usar técnicas como el cadáver exquisito: armar historias con una frase de cada quien. Competir por quién tiene un relato en menos tiempo o quién puede escribir sin parar (de forma automática) durante más minutos, y daros retroalimentación de vuestros textos.

7 Utiliza "inicios prediseñados"

Este truco lo aprendí en un taller en la Ciudad de México. Nos daban un par de frases y debíamos desarrollar un cuento de una página siguiéndolas. Te voy a dejar cuatro para que puedas utilizar, si no sabes qué escribir, encárgate de acabar estas historias, sustituye las letras por los nombres que prefieras:

Cuando B no está en casa, A encuentra algo de B que lo desconcierta.

Después de mucho tiempo sin verse, A se topa con B en medio de una calle llena de gente.

A sabía que tenía que contarlo, pero no sabía cómo.

A se despertó, y, aunque deseaba que nada de aquello hubiese sucedido, sabía que era real.

8 Meditación y tiempo

Échale horas. Apaga teléfonos, olvídate de horarios y ten a mano agua y fruta. Dedícale jornadas completas, al menos tres horas sin interrupciones.

A este respecto, es muy interesante el libro de David Lynch (2006) *Atrapa el pez dorado* con el subtítulo de *Meditación, conciencia y creatividad*. En sus propias palabras: "las ideas surgen cuando prestas atención". Son como peces que debes atrapar.

9. El método pomodoro

Concentrarte veinticinco minutos y descansar cinco. Este método es útil si eres incapaz de concentrarte, pero en caso de que no sea así, no te limites a veinticinco minutos de concentración y no dejes que nada pare tu *flow*.

10. No dejes de escribir ni un solo día

Al menos en lo que tardes en acabar la obra, es la única forma de no perder el flujo y la intensidad.

Un libro es como un vómito, sale cuando tiene que salir, y nadie puede detenerlo. Si vas haciendo fragmentos muy espaciados en el tiempo es normal que pierdas la motivación. Y que el texto pierda sabor. En cambio, trabajando con constancia no tardarás en obtener resultados.

Así lo hace, por ejemplo, Stephen King, uno de los escritores que más vende de toda la historia. Lo cuenta en su libro *Mientras Escribo*.

11. Vuelve a leer tus antiguos trabajos

Escribir es reescribir, si no se te ocurre nada nuevo, aprovecha para mejorar aquello que ya has hecho. Escríbelo desde un enfoque diferente, por ejemplo, cambiando el narrador.

12. Trabaja en las fichas de los personajes

Si no se te ocurre cómo hacer avanzar alguna trama, céntrate en el desarrollo de los personajes. Escribe sus biografías. ¿Están bien definidos? ¿Tienen voz propia? ¿Su arco es realista? Recuerda que conseguir sujetos creíbles te sirve no solo para un libro, para todos los que quieras.

13 Mapea

Haz mapas de libros, todos los que puedas, luego elige los más valiosos y ponles fecha de creación. Incluye la trama principal y no olvides que tu narración debe ser fácil de entender. El mapa responde a la pregunta fundamental sobre de qué va tu texto. En unas frases tiene que estar condensada la esencia de la trama, en el mapa reflejas los cambios en el tiempo.

14 Condiciónate

¿Te suena el condicionamiento operativo? ¿El perro de Pavlov? ¿Skinner? ¿El palo y la zanahoria? Prémiate cuando cumplas tus objetivos.

Por ejemplo, si tu meta es escribir cinco páginas al día, no te concedas ningún capricho hasta que lo consigas. Elige aquello que más te guste, cualquier vicio, como los postres o los programas de televisión, y resérvalo para después de tu trabajo como escritor. Puedes ver un capítulo en Netflix o el nuevo vídeo de tu *youtuber* preferido, pero antes tienes que acabar tus cinco páginas. Lo mismo aplica a usar esas redes sociales que nos absorben de forma poca productiva, como Instagram o TikTok. No te pierdas en ellas hasta acabar tus obligaciones. Primero el negocio, luego el ocio.

15 Ducha de agua fría

En algunos climas es una medida un poco extrema, pero funciona. Nada despierta más que una buena ducha fría, si no la disfrutas, también puedes usarla como condicionamiento negativo.

Si no te salen las cinco páginas, no tienes derecho a usar agua caliente al ducharte (y no vale dejar de ducharte para evitar el frío, mejor acaba tus páginas diarias y disfruta el calor, si es lo que deseas).

Lo mejor es darse una ducha con agua como te guste, pero en el último momento poner el agua muy fría. Pruébalo, saldrás con más energía, ponte ropa limpia y a escribir.

16 Descansa

A veces no hay otra opción mejor, si estás cansado, no lo intentes más, vete a dormir, pero asegúrate de escribir nada más levantarte. No uses este truco para procrastinar, descansar adecuadamente realmente funciona si después usas la energía para producir.

Ten limpio tu lugar de descanso, tanto las sábanas como suelo, paredes, etc. Evita los aparatos eléctricos, el teléfono mejor que se quede afuera y en silencio o apagado. Lo mismo con el resto de los dispositivos con pantallas eléctricas, como las tabletas, televisores y ordenador; limita su uso, tenlos apagados al menos media hora antes de irte a dormir. Al día siguiente, no los enciendas hasta que hayas acabado de escribir todo lo que te propusieras.

17 Usa el inconsciente a tu favor

Cuando acabes de escribir, apunta en qué consistirá tu siguiente sesión de escritura, esto te ayudará a, de forma inconsciente, ir trabajando en ella.

Es particularmente útil si lo haces a última hora del día, antes de dormir, acaba de escribir y anota qué escribirás al día siguiente. Cuando te pongas a hacerlo te resultará mucho más fácil que si no lo hubieses planificado con anterioridad. Consultarlo con la almohada, como habitualmente se dice, funciona.

18 Termina los proyectos

Si estás atascado en algún escrito, déjalo y pasa a otra cosa. No temas abandonar, despréndete de todo y serás libre. Si una historia no tiene pies ni cabeza y solo te chupa energía, acábala. Puedes publicarla como esté o simplemente olvidarla y pasar a lo siguiente.

No tengas demasiados proyectos empezados que no acabas porque te quitarán la energía. Ya conoces el refrán: quien mucho abarca poco aprieta.

19 No revises

No vuelvas a leer lo que escribas. Tira para adelante.

Sigue escribiendo, ya tendrás tiempo para revisar.

Primero cumple con la cantidad de palabras o páginas que te hayas propuesto para el día o para la semana.

Escribe del tirón, sin pensarlo demasiado, como te salga, lo más rápido que puedas. Hasta que lo acabes.

Otra vez citando a Ray Bradbury: "Escribe con el corazón, escribe mucho y siempre con el corazón".

20. Deja espacios

Los espacios pendientes (escritos con la abreviatura: PDTE) son un recurso que puedes utilizar si estás bloqueado. Basta con que escribas PDTE y pases a la siguiente escena (capítulo o lo que sea). Ya se preocupará tu yo del futuro de cubrir esos huecos, y si nunca se te hace plausible, contrata a un profesional en contacto@crearycorregir.com.

No te agobies porque haya partes pendientes. No pasa nada.

21 Junta tareas similares

Dedica todo el tiempo a temas parecidos, como el desarrollo de personajes, los mapeos o las correcciones. Te será más fácil así.

22 Poco a poco

Céntrate en conseguir una mejora cada día, aunque sea "solo" de un 1 %, en el largo plazo el cambio será muy significativa.

Empieza planteándote retos asequibles, y luego ve llegando más lejos.

Por ejemplo, si todavía no tienes el hábito de escribir y te cuesta mucho encontrar el momento para concentrarte y hacerlo, ten como objetivo, la primera semana, solo una página. La semana siguiente, que sean dos páginas al día. Cuando te sientas cómodo haciendo las dos, pasa a exigirte tres; y así sucesivamente hasta que llegues a la productividad que deseas.

Un libro a la semana creo que está bien, he llegado a publicar dos o más, pero no es necesario, e implica menos tiempo para las tareas de mercadotecnia.

Cada uno tiene sus deseos, establece los tuyos en todas las escalas posible: semana, mes, año, lustro, década, vida… Y vete consiguiéndolos poco a poco, subiendo las escaleras, sin pausa, pero sin prisa. Con buena letra.

23 Aprovecha el tiempo libre

Para recargar tu energía después de trabajar, necesitas contactar con la naturaleza, no hay nada que genere más tranquilidad.

La vida del escritor contemporáneo, a no ser que contrates a alguien para que transcriba tus manuscritos y se encargue del *marketing*, transcurre pegado a una pantalla, sentado en una posición en la que uno casi se tiene que encoger para trabajar.

Parecemos *Golums* a veces. Para evitarlo es fundamental salir, tomar el sol, hacer ejercicio y aprovechar el tiempo libre en entornos limpios.

Desconecta de las tecnologías, apaga el teléfono y vete al espacio más lleno de vida que conozcas, las plantas, los árboles y el agua son tus mayores aliados.

24 Lleva siempre contigo una libreta o toma apuntes en el teléfono móvil

Este truco consiste en guardar por escrito toda idea que pueda desarrollarse posteriormente. Hay autores que han utilizado un diario de sueños como material para su obra literaria. Otros, simplemente, apuntan cada posible proyecto cuando se les ocurre, y luego tienen la disciplina de llevarlos a cabo. Ante el próximo bloqueo, revisa tu libreta y trata de escribir sobre alguna de esas ideas: la que más te guste o te parezca más rentable.

25 No te preocupes por el qué dirán

En ocasiones, escribe como si nadie te fuese a leer, no te autocensures, desarrolla tu propia voz, aunque toques cuestiones polémicas y no gustes a todo el mundo. Nadie triunfa contentado a todos.

Sé auténtico, no tengas pelos en la lengua, atrévete a contar tu verdad.

Si lo que te preocupa es que tu reputación esté en juego, al fin, muchos lectores creen que todo lo que alguien escribe lo piensa o lo ha vivido, usa pseudónimos, o heterónimos, como los llamaba Fernando Pessoa.

Capítulo 2: Arquitectura semanal del escritor prolífico

Ya has elegido tu método, tu horario y tus próximas publicaciones. Deja espacio para la pasión, los planes son abiertos, su valor no reside en seguirlos de forma dogmática, lo interesante es que haya planificación, pero esta es flexible.

Encuentra las oportunidades y desvíate si ello te supone una ventaja, como pasarlo mejor. No está mal que, aunque hubieses planeado escribir una historia, si te sientes muy inspirado para narrar otra, te dediques a esa que tienes en la punta de la lengua.

Quizás no quieras o todavía no hayas sido capaz de vivir de escribir, en ese caso, tendrás que adaptar estas rutinas a tu tiempo disponible. Siempre puedes despertarte más temprano.

No te aconsejaré que dejes mañana tu trabajo y le eches todo tu tiempo a la literatura, no quiero sentirme mal si no logras vivir de escribir, aunque es posible, no es para cualquiera.

Tampoco te voy a aconsejar que no lo hagas. Testea el mercado, si tienes audiencia, aunque no sea muy grande todavía, puedes dedicarte a esto, y, si es tu pasión, ¿no deberías hacerlo? Para más sobre este tema es el primer ejemplar de esta serie. Ambos libros (este y aquel) son independientes, puedes leerlos por separado y el entenderlos, este está enfocado especialmente a superar un problema que me han comentado muchas veces: el bloqueo del escritor. El otro trata de cómo monetizar esos textos.

Todo cuenta

El día a día: comida nutritiva (evitar venenos: nada de comida procesada, azúcar ni sal) tu cuerpo es tu activo más importante. Ejercicio, limpieza, vida social. Ampliación constante de horizontes. La zona de confort es demasiado aburrida como para vender libros.

La semana como conjunto, flexibilidad y rendición de cuentas. Planifica todas las tareas de escritura, revisión y publicación. Puedes ser flexible, pero practica la *accountability* (responsabilidad); es decir, si no cumples tus objetivos castígate y si los alcanzas prémiate.

Es válido escribir con brújula, y no con mapa. Esto significa que sabes hacia dónde vas (la dirección) pero no exactamente el camino. Lo que no es aceptable es no escribir.

Para empezar con la planificación de un nuevo libro tienes que investigar, otros te dirán que tienes que hacer lo que te salga y ser muy auténtico, no te lo niego, pero si quieres ganar dinero, te aconsejo que hagas un libro vendible, si ya existe una demanda de ese tipo de libros es más fácil que tenga ventas que si es totalmente innovador. Aunque esto último también podría suceder y todo depende de tus capacidades.

En mis libros trato de ayudar a escritores con los mínimos recursos, si es tu caso, harías bien en elegir temas con interés para públicos grandes, como las novelas históricas o los manuales prácticos con el paso a paso de procesos complejos.

Ten clara tu matriz de gestión del tiempo, distingue tus prioridades según si son urgentes y/o importantes.

Recursos mínimos para no perderte en una novela: Fichas personajes (arcos y particularidades) y hoja de tiempos (estructura).

No ficción: estructura de tres capítulos, cada uno autocontenido (esto quiere decir que se puede leer de forma independiente y es entendible), con introducción que implica una pregunta de investigación y revela por qué es importante el tema, y conclusión donde resume los hallazgos. Orden lógica. Para entender lo del dos, es mejor conocer lo del uno, y cuando ya sabes lo de los dos, quieres saber lo del tres porque completa el mensaje.

¿Tamaño? Con entre 20 y 30 páginas es suficiente. Más vale calidad que cantidad. Solo recuerda, también, que a más contenido, más puedes cobrar. Aunque no te estreses por no hacerlo ahora, puedes luego unir varios libros en uno, aunque en D2D no debes subirlo porque las librerías asociadas no aceptan ese tipo de publicaciones por considerarlas que pueden ser engañosas para los clientes. En cambio, en Amazon y en KDP Select no tendrás problema.

Una excelente estrategia es publicar los libros por separado en todas las librerías (incluida Amazon) con D2D y después unirlo en un nuevo libro que autopublicas en Amazon e inscribes a KDP Select para cobrar por página leída.

Ejemplo de planificación semanal

El lunes escribes un tercio del libro. Si es ensayo/autoayuda (no ficción) puede ser uno de los tres capítulos totales.

Si es ficción puedes usar otra estructura, lo que importa es que escribas todo lo que puedas, y acabes con al menos un tercio de lo que esperas tener en total.

Por ejemplo, si quieres un texto acabado de noventa páginas, el primer día necesitas dejar hechas como mínimo treinta.

No las revises hasta que las acabes, y no hace falta que las revises el mismo día si no lo deseas. Céntrate en alcanzar el número de páginas que te propongas, consíguelo como sea y después relájate. Lo has logrado.

El martes escribes otro tercio, el miércoles el último fragmento y lo envías a correcciones urgentes. También te encargas de la portada, puedes hacerla tú mismo o solicitar una (recuerda que en contacto@crearycorregir.com tienes toda la ayuda que necesites).

El viernes y el sábado continúas supervisando o realizando las correcciones y la portada. Descansas un poco.

El domingo lo autopublicas y haces un análisis de mercado para decidir el título y los detalles que consideres de tu próxima obra, que empezarás a escribir al día siguiente, el próximo lunes.

.

Capítulo 3: Autopublicando coediciones

Introducción

¿Qué es autopublicar? ¿Qué es una coedición? Hay tres formas, al menos, de tener tu libro:

1. Editorial tradicional.

Una empresa se encarga de casi todo el trabajo posterior a la escritura: maquetación, correcciones, portada, impresión y distribución. Hacen la edición completa sin que el autor tenga que abonar dinero, a cambio, se llevan gran parte de las ganancias, junto a la librería, se hacen con el 90 % (depende del acuerdo, pero aproximadamente suele ser así) del dinero de cada venta, y le dan al escritor un 10 %. Ventajas: no tienes que poner dinero y, si la editorial es buena, tendrás unos buenos ejemplares distribuidos por librerías. Desventajas: el control y porcentaje de beneficio para el escritor es mínimo. Además, es muy difícil conseguir un contrato actualmente. Las editoriales apuestan a lo seguro, aquellos escritores con los que ya llevan tiempo trabajando y obtienen buenos retornos de la inversión. Sin tener miles (o, mejor, millones) de seguidores en redes sociales, es difícil que una editorial tradicional apueste por ti. Es triste, pero sí, estas editoriales son negocios, el valor literario de tu obra importa menos que su potencial comercial.

2. Autoedición y autopublicación.

Esto es hacerlo todo tú solo.

Las principales ventajas son que tienes un control absoluto del proceso y que los costes económicos. La desventaja más importante es que la calidad del producto no será la misma, ¿eres experto en correcciones, maquetación, diseño gráfico o ilustraciones y distribución? ¿Cuentas con contactos para hacer que la promoción sea exitosa? Si logras, sin ayuda, un producto impecable, estás de suerte, pero lo normal es que seamos incapaces de ver nuestros propios errores, y la tarea de corregir es indispensable para darle a los lectores la fluidez que buscan. Personalmente, dejo de leer algo cuando encuentro errores, y no soy el único que lo hace. Perder la oportunidad de que el mundo valore tu literatura, solo porque no se te dan bien las tildes, no es buena idea.

3. Coedición.

La coedición es cuando dos o más personas o instituciones están implicadas en la edición del libro. Este modelo es muy utilizado en traducciones.

Por ejemplo, una editorial española quiere traducir y comercializar un texto en inglés y para ello llega a un acuerdo con otra editorial que use el idioma de Shakespeare como primera lengua. También sucede con el mismo idioma ente distintos países.

Actualmente, la diferencia entre autopublicación y coedición es si haces todo solo, o cuentas con ayuda profesional. En el segundo caso, puedes aprovechar el poder de la marca para generar atracción. El algoritmo de Amazon da más relevancia a aquellos libros que forman parte de una editorial y toma en cuenta la cantidad total de libros que esa editorial vende. Es decir, que cuantos más libros venda la editorial con la que coeditas, más alcance tendrán tus publicaciones, llegarán a más personas y tendrás más ventas.

En Crear y Corregir Ediciones trabajamos de este modo, ofrecemos todos los servicios que son necesarios (lo hacemos o te damos la asesoría para que puedas hacerlo), cada escritor decide cuáles contratar (quizás ya tenga un diseñador gráfico de confianza, y no busques portada, pero sí las correcciones, o al revés). Mantiene el control sobre su obra ya que es quien recibe directamente el dinero de las regalías en su banco, y se beneficia también de los resultados de calidad que solo expertos pueden proporcionar y de la ventaja comparativa respecto a los autores autopublicados ya que puede incluir la marca en su producto, lo que le da muchas más visitas.

Es cierto que C. y C. Ediciones no acepta cualquier libro, hacerlo supondría poner en riesgo el prestigio logrado. Cada manuscrito es analizado y solo si se considera que con la coedición saldrá un libro de primer nivel es que se lleva a cabo el trabajo.

Para algunos escritores es muy duro recibir un rechazo, pero no significa una puerta cerrada para siempre. Sigue enviando lo que escribas, trabaja más cada párrafo, y podrás conseguir que tu texto esté entre los mejores.

La dirección para la recepción de obras es:

contacto@crearycorregir.com

Cuando escribas, igual que a cualquier otra editorial, lo recomendable es que añadas alguna información sobre ti: la dirección de tus redes sociales, tu perfil profesional y tus proyectos (presentes, pasados y/o futuros).

Ventajas de la coedición: puedes obtener los mejores resultados posibles para tu libro, al nivel de una edición tradicional, solo depende de que contactes con los profesionales adecuados. Sigues teniendo el control total, haces los cambios que quieras y cuando quieras, sabes en todo momento cuántos libros están vendiendo y puedes conseguir mayor porcentaje de regalías.

Desventajas: supone una inversión económica, necesitas algo de dinero para poder permitirte una coedición de calidad. En caso de que estés sin blanca, puedes tratar de negociar con parte de las regalías (por ejemplo, le darás un 15 % al diseñador gráfico y otro 15 para los correctores).

Kindle Direct Publishing

La plataforma de Amazon es muy fácil de utilizar. La mayoría de las dudas las puedes resolver en https://kdp.amazon.com/es_ES/help.

Para cualquier cuestión, como que tu exnovio te ha dejado reseñas falsas o que quieras que incluyan tu libro en más categorías, contacta con la atención al usuario. Puedes hacerlo desde la parte de debajo de la página web de KDP, haciendo clic en donde dice contacto.

He leído por ahí que les pides que te incluyan el libro en hasta ocho categorías y que lo hacen, pero, al menos en mi caso, no ha sido así. Te dicen que sí, pero luego no aparecen todas.

Maquetación

Si todavía no has usado KDP quizás pienses, como pensaba yo antes, que necesitas un maquetador obligatoriamente. No es así, Amazon te ofrece plantillas con las medidas exactas para que tu libro quede perfecto. Las encuentras aquí: https://kdp.amazon.com/es_ES/help/topic/G201834230.

Para que quede del todo bien solo tienes que hacer tres cosas más: inserta saltos de página siempre que quieras que cambiar de página (al inicio de cada capítulo o punto importante), inclúyele un índice sin numeración para la edición electrónica y con numeración para la edición en papel (esto lo consigues, en Word, seleccionando los títulos y, en el apartado de inicio que dándole a estilos y jerarquizándolos en Título 1, Título 2 y Título 3, después pulsas en referencias, tabla de contenido y eliges la opción personalizada para quitarle la numeración). Hay otra diferencia entre la edición electrónica y la de papel, en la primera las páginas no van numeradas, en la segunda, sí. Esto lo cambias en insertar, número de página.

Portada

KDP te ofrece un creador que tiene su valor, pero no te ofrece los mejores resultados. Puedes tener una portada provisional con él, pero si quieres apostar por tu libro, la recomendación es invertir en una portada profesional, hecha por alguien que conozca la teoría de los colores y qué tipo de diseños funcionan en Amazon.

Una cuestión básica, que los diseñadores tradicionales (previos a la digitalización del sector) pasan por alto: las letras tienen que estar grandes y claras para que pueda leerse siendo una imagen mini.

Los programas como Canva, Photoshop o Ilustrator te ayudarán a conseguir esa portada que realmente convierte vistas en compras. Puedes probar las versiones gratuitas y elegir la que más te guste, por menos de 13 euros al mes contarás con una potente herramienta que te servirá, además de para hacer portadas, para diseñar anuncios de tus libros que podrás publicar en redes sociales. En el caso de Canva Pro, puedes incluir a cinco personas en un equipo donde se comparten los diseños, sin coste extra cada compa al que incluyas tendrá acceso a la versión de pago.

Por supuesto, puedes delegarlo totalmente, solo asegúrate de que quien contrates sepa lo que está haciendo, cuide su trabajo y no desaparezca con tu dinero. Plataformas como Fiverr son muy utilizadas para encontrar este tipo de *freelancers*, aunque también puedes pedir ayuda en contacto@crearycorregir.com, tendrás la portada que tu libro necesita a un precio muy accesible.

Detalles del libro

Aquí, en la primera sección que aparece cuando empiezas con la autopublicación hay varias cuestiones importantes: tienes que incluir las palabras clave adecuadas (se llaman palabras, pero pueden ser frases, no tienen que ser palabras sueltas, puedes combinarlas), un texto sugerente y descriptivo, y escoger las categorías.

La investigación sobre qué palabras clave vas a "competir" (a luchar por posicionar tu libro en ellas, es decir, conseguir que cuando alguien ponga esas palabras en el buscador llegue a tu obra) deberías haberla hecho antes de empezar escribir, e, igual que sucede con el SEO para Google (la optimización en el motor de búsqueda de Google) no basta con que las palabras estén en la sección donde dice palabras clave, además, para que realmente funcionen, deben estar en las primeras y últimas páginas del libro. Solo así los bots considerarán que realmente trata sobre ellas. Si no está en todos los sitios, puede que igualmente aparezca, todo depende de la competencia.

Elije también las categorías que consideres. Esta sección, igual que la de palabras clave, son opcionales, pero te recomiendo que siempre las cubras. Puedes cambiarlas en cualquier momento si no te están funcionando como te gustaría.

Si quieres ahorrar tiempo, y este libro trata sobre cómo escribir un libro en una semana así que asumo que quieres aumentar tu velocidad, puedes usar para la descripción parte del texto, o la totalidad si no tiene demasiada extensión, de la introducción.

Y no solo ahí, el mismo texto lo puedes usar también en la contraportada de la edición de tapa blanda. En total, en tres lugares (introducción, descripción y contraportada) podrás usar las mismas palabras, asegúrate de que sean lo más atractivas que puedas.

Esto no es lo mejor, en todos los casos generar atracción, describir el contenido e incluir las palabras clave. Pero no necesariamente deben ser el mismo texto, y algunos autores desaconsejan hacerlo.

De cualquier manera, recuerda que todo se puede cambiar. Si ahora vas apurado, puedes hacer eso. Luego, con más tiempo, puedes hacer un texto más de pura redacción persuasiva, mucho más sintético y esquemático que la introducción, últimamente se utiliza mucho en el mundo de la no ficción el presentar un listado de todo lo que conseguirás con compra (ejemplo: aprender a hacer trading intradía, operar futuros y binarias, apalancarte con un riesgo controlado y elegir los mejores brókers).

La descripción ponla bonita usando https://kindlepreneur.com/amazon-book-description-generator/.

Precio

¿A cuánto cobrar cada libro? Es una gran cuestión, y no hay una respuesta única, pero sí algunos indicadores. Como en cualquier mercado, la oferta y la demanda juegan un papel fundamental. Una buena estrategia es empezar con un precio bajo: 0,99 o 2,99 en el *ebook*, e igualmente beneficios entre 33 céntimos y dos euros en la edición de papel. Esto, además, debe ser anunciado como promoción de lanzamiento en la descripción, que es de lo que hablaremos en el último punto de este capítulo.

¿Para qué estás haciendo el libro? Por ejemplo, si es una novela histórica para la que has investigado con fuentes primarias, haces una al año, y tu objetivo es convertirte en un referente en el género, no pongas un precio por debajo de tres euros.

Los precios bajos, sin justificación explícita, dan imagen de pobreza. Si vale poco, es porque no es bueno. Un libro tradicional, con edición profesional, simplemente no puede ser demasiado barato porque tiene que repartir los beneficios entre los trabajadores. En la industria tradicional los libros baratos, o gratis, como hay tantos ahora y como yo mismo recomiendo poner de vez en cuando, son impensables. Hoy son parte de una estrategia. Usa los precios bajos para conseguir ventas y subir en las listas de Amazon, pero no olvides indicar que se trata de una cuestión temporal. Los precios altos son justificados solo si la calidad del contenido, en comparación con la disponible en el mercado, es igualmente elevada.

Si estás empezando, puedes cobrar poco y regalar tus libros para encontrar (o construir) a tu público. Una vez que ya lo tengas, puedes subir los precios, asegúrate de mantener promociones temporales para beneficiar a tus fieles, y gana dinero con el resto.

Correcciones

Sobre este tema ya hay varias publicaciones en crearycorregir.com/blog, y no me interesa repetir contenido que puedes encontrar gratis. Así que entra en la web, solo añadiré algunos comentarios *ex profeso*.

Escribir y corregir son dos procesos diferentes, no los juntes. Primero escribe, sigue hacia delante, suelta todo lo que tengas dentro. Luego, trata de conseguir una cierta distancia y léelo como si no lo hubieses escrito tú.

¿Lo entenderías si no tuvieses ni idea sobre el tema? ¿Es posible decirlo con menos palabra? La primera corrección consiste, sobre todo, en eliminar cacofonías, palabras o frases que no aportan nada y redundancias, al mismo tiempo que aportar nuevas palabras (muchos sinónimos) que enriquezcan la semántica.

He llegado a leer que los correctores son una especie de trampa para malos escritores, que no son necesarios.

Bueno, puedes prescindir de uno, pero cuando algún lector te diga, en el mejor de los casos en privado, en el peor, en una reseña publicada en Amazon o Goodreads, que eres intragable por las faltas de ortografía, no digas que no te avisé.

Todos las cometemos, somos vagos, podemos sabernos las normas, pero, a veces, nos las saltamos. Hacemos lo que a nuestro cerebro le parece más fácil, él sabe lo que quieres decir, piensa que es un diálogo interno, pero en realidad escribes para los demás, y no solo para ti mismo.

Draft2Digital

Amazon es el rey, pero D2D es el héroe del pueblo. El que, sin dejar de trabajar con él, nos da la salida a su monopolio y nos permite fácilmente estar en diferentes librerías, como Apple Books, BARNES & NOBLE y SCRIBD.

Mi enlace de afiliado: https://www.draft2digital.com/cyc

Para poder tener tus libros aquí publicados no puedes habérselos cedido en exclusividad a Amazon con el programa KDP Select.

Ventajas frente a Kindle Direct Publishing:

1. Llegas a un público más grande, no renuncias a estar en Amazon y, además, estás en otras librerías. Con ello contribuyes a evitar que la empresa de Jeff Bezos acapare el mercado y acabe ofreciendo condiciones abusivas.
2. Te permite algunas funciones muy interesantes que no están en KDP, como la posibilidad de hacer listas de correos electrónicos y que reciban un aviso cada vez que hay una nueva publicación, además de facilidades para una maquetación directa según tu tipo de libro y otros procesos que automatiza, haciéndote más fácil la vida.
3. Te conecta con findawayvoices para que fácilmente transformes los libros en audiolibros.

4. Paga a PayPal (además de cuenta bancaria y demás opciones habituales) y te permite separar las regalías y darle el porcentaje que decidas a los colaboradores (correctores, ilustradores, editores, etc.).

Desventajas frente a Kindle Direct Publishing:

1. Todo está en inglés.
2. El resto de las librerías no venden tanto como Amazon, y si no inscribes tu libro en KDP Select tu alcance orgánico estará limitado. En otras palabras, aunque lo más probable es que hagas más dinero en D2D que en KDP Select, lo cierto es que con el segundo tendrás un mayor alcance orgánico (llegarás a una cantidad mayor de lectores).

La estrategia que sigas dependerá del tipo de libro y del objetivo que tengas planteado.

Una opción interesante es publicar primero en Amazon e inscribirlo en KDP Select, aprovechar la promoción de libros gratis para conseguir reseñas verificadas y las suscripciones a Kindle Unlimited para atraer lectores, y, después de los noventa días no renovar la suscripción y subirlo a D2D, a todas las plataformas excepto a Amazon (donde ya lo subiste antes).

Otro método, que a mí me parece todavía mejor, es publicar los libros en todas las librerías con D2D, o, si quieres usar Amazon Ads, autopublicar en KDP sin dar la exclusividad y con D2D en las otras librerías Luego juntar varios libros y publicarlos como uno nuevo en KDP e inscribirlo en el programa KDP Select dándole la exclusividad a Amazon. Esto es idóneo porque este tipo de publicaciones, las que incluyen más de un libro, no son aceptadas por las otras librerías.

De este modo tus libros estarán en el máximo número de tiendas posible (al no dar exclusividad) y no dejarás de aprovechar las ventajas de KDP Select (con tu libro recopilatorio).

Conclusiones

La autopublicación ha revolucionado el mundo editorial. Si antes lo normal era que un autor escribiese un libro al año, ahora podemos poder en circulaciones decenas de ejemplares en tiempos mínimos.

Se acabaron las esperas y la dependencia de las grandes empresas. Hoy cualquier puede vivir de escribir si sabe cómo, si aplica los trucos de los expertos y publica con regularidad.

Con un libro a la semana durante años es muy difícil no lograr unos ingresos constantes. Aprovecha la retroalimentación de tu público para mejorar, haz ejemplares cada vez mejores. Encuentra ese 20 % de textos que te dan el 80 % de los beneficios y apuesta todo por hacer más y de mejor calidad.

Enlaces de interés:

Si quieres seguir profundizando en la autopublicación y unirte al grupo más exitoso de habla hispana, compra el curso de Gerald Confienza desde mi enlace de afiliado:

Gana Dinero con Libros - Curso de Autopublicación (https://go.hotmart.com/J51119626B).

Si después nos envías el comprobante de pago de Hotmart a contacto@crearycorregir.com, te regalamos una asesoría personalizada. Veremos tu caso y alguien del equipo te ayudará.

Hemos hecho un grupo público y gratuito en Facebook para seguir compartiendo trucos, se llama Vivir de escribir. ¡Únete!

https://www.facebook.com/groups/vivirdeescribir

Otros libros que te pueden interesar

Sobre gestión del dinero (finanzas personales):

Invertir en dividendos: guía para invertir en bolsa y lograr la libertad financiera

Los cinco pasos del camino a la libertad: Desarrollo personal y educación financiera

¿Invertir en CRIPTOMONEDAS? Finanzas, dinero electrónico y revolución: compra Bitcoin (BTC), Binance (BNB), Cardano (ADA) y otras monedas digitales para conseguir ingresos pasivos

Si quieres seguir profundizando en la autopublicación y unirte al grupo más exitoso de habla hispana, compra el curso de Gerald Confienza desde mi enlace de afiliado:
Gana Dinero con Libros - Curso de Autopublicación (https://go.hotmart.com/J51119626B).
Si después nos envías el comprobante de pago de Hotmart a contacto@crearycorregir.com, te regalamos una asesoría personalizada. Veremos tu caso y alguien del equipo te ayudará.

Si te ha gustado, una reseña 5 estrellas ayudaría mucho.

Puedes escribirnos y seguirnos en las redes sociales.

🌐 www.crearycorregir.com

✉ contacto@crearycorregir.com

📷 @crear_corregir

f @Crear y Corregir

🐦 @Crear_Corregir

▶ Crear y Corregir

Hemos hecho un grupo en Facebook para seguir compartiendo trucos, se llama Vivir de escribir. ¡Únete!

https://www.facebook.com/groups/vivirdeescribir

Made in the USA
Las Vegas, NV
20 February 2025